AF364791

9 786144 026984

لا لا، لا يُعْجِبُني!

تأليف: هلا التركي

رسم: فؤاد مزهر

زَيْدٌ صَبِيٌّ شَديدُ الذَّكاءِ وكَثيرُ النَّشاطِ، ومَحبوبٌ مِنَ الجَميعِ، ولَكِنَّهُ كانَ يُكْثِرُ الشَّكْوى مِنْ أُمورٍ عِدَّةٍ في مُعْظَمِ أوْقاتِ النَّهارِ.

الشَّكْوى الأولى: في خِلالِ طَريقِ عَوْدَتِهِ مِنَ المَدْرَسَةِ مَعَ أُمِّهِ كانَ يَشْتَكي لِأُمِّهِ مِنَ التَّعَبِ مِنْ حَمْلِ حَقيبَةِ مَدْرَسَتِهِ ويَدَّعي أنَّها ثَقيلَةٌ جِدًّا، هو غَيْرُ قادِرٍ عَلى حَمْلِها والسَّيْرِ بها حَتّى البَيْتِ القَريبِ مِنْ مَدْرَسَتِهِ.

وكَانَتْ أُمُّهُ تُجيبُهُ قائِلَةً: «لا تَقُلْ ذَلِكَ يا زَيْدُ فَأَنْتَ قَوِيٌّ وتَسْتَطيعُ حَمْلَها وحَمْلَ أَكْثَرَ مِنْها، ولَكِنْ دونَ جَدْوى، فَقَدْ كَانَ زَيْدٌ لا يُصْغي إلى أُمِّهِ».

الشَّكْوى الثَّانِيَةُ: في خِلالِ أَوْقاتِ الطَّعامِ

كانَ زَيْدٌ يَتَذَمَّرُ دَوْمًا مِنَ الطَّعامِ، ويَدَّعي أنَّ الطَّعامَ لا يُعْجِبُهُ ولَيْسَ شَهِيًّا بِما يَكْفي.

وكَانَتْ أُمُّ زَيْدٍ تُجيبُهُ قائِلَةً: «لا تَقُلْ ذَلِكَ يا زَيْدُ، فَإنّي أَعْدَدْتُ لَكَ وجْبَتَكَ المُفَضَّلَةَ، فَلا تَتَذَمَّرْ».

الشَّكْوى الثّالِثَةُ: في خِلالِ أَوْقاتِ نُزْهَتِهِ على الكورنيشِ مَعَ أُمِّهِ كانَ زَيْدٌ يَشْتَكي لِأُمِّهِ مِنْ كُلِّ شَيْءٍ أَثْناءَ نُزْهَتِهِ مَعَها، حتّى مِنْ حِذاءِ العَجَلاتِ الّذي يَرْتَديهِ ويَلْعَبُ بِهِ، ويُطالِبُ بِنَزْعِهِ، فَكانَ لا يُرْضيهِ ارْتِداؤُهُ ولا يُرْضيهِ نَزْعُهُ.

و كانَتْ أُمُّهُ تُجيبُهُ قائِلَةً: «لا تَقُلْ ذَلِكَ يا زَيْدُ، فَلَمْ يَمُرَّ على وُصولِنا إلى هُنا سِوى عَشْرِ دَقائِقَ، وأنْتَ نَشيطٌ، وتَسْتَطيعُ التَّزَحْلُقَ بِعَجَلاتِكَ لِفَترَةٍ أَطْوَلَ، فَلِمَ تُريدُ نَزْعَهُ الآنَ؟».

الشَّكْوى الرّابِعَةُ: أَثْناءَ أوْقاتِ لَعِبِهِ مَعَ أُخْتِهِ الصُّغْرى، أوْ أيِّ أَطْفالٍ آخَرينَ كانَ زَيْدٌ دائِمَ التَّشَكّي لِأُمِّهِ مِنْ أُخْتِهِ أوْ مِنْ أيِّ طِفْلٍ يَلْعَبُ مَعَهُ، بِأنَّهُمْ يُضايِقونَهُ في اللَّعِبِ، فَهُوَ يَدَّعي أنَّهُمْ دَوْمًا يَأْخُذونَ أَلْعابَهُ ويَعْبَثونَ بِها، ويُفَضِّلُ صَرْفَهُمْ عَنْهُ.

وكانَتْ أُمُّهُ تُجيبُهُ قائِلَةً: «يا زَيْدُ، إنَّ الأطْفالَ وأُخْتَكَ يُحِبّونَكَ، ويُحِبّونَ اللَّعِبَ مَعَكَ، وبَعْضُهُمْ لا يُدْرِكُ كَيْفَ يَتَعامَلُ مَعَكَ لِصِغَرِ سِنِّهِ، فَاصْبِرْ عَلَيْهِمْ وعَلِّمْهُمْ كَيْفَ يَلْعَبونَ. فَاللَّعِبُ مَعَ غَيْرِكَ مِنَ الأطْفالِ شَيْءٌ مُمْتِعٌ وجَميلٌ.

عِنْدَما يَأْتِي وَقْتُ النَّوْمِ يُظْهِرُ زَيْدٌ لِأُمِّهِ كَافَّةَ أَنْواعِ الحِيَلِ، وخاصَّةً ادِّعاءَهُ أَنَّهُ خائِفٌ ويَطْلُبُ مِنْ أُمِّهِ أَنْ تُبْقِيَ الضَّوْءَ مُشْتَعِلًا، أَوْ أَنْ تَنامَ مَعَهُ.

وكانَتْ أُمُّ زَيْدٍ تُجيبُهُ قائِلَةً: يا زَيْدُ كَيْفَ تَقولُ هذا وأَنْتَ تَعْلَمُ أَنْ لَيْسَ هُناكَ ما يَسْتَدْعِي الخَوْفَ، وغُرْفَتُكَ لَنْ يَتَغَيَّرَ شَكْلُها أَوْ يَحْدُثَ شَيْءٌ فيها، لا بِالضَّوْءِ ولا بِدونِهِ، وكُلُّنا نَنامُ إِنْ أَرَدْنا النَّوْمَ.

في يَوْمٍ مِنَ الأَيّامِ طَلَبَ زَيْدٌ مِنْ أُمِّهِ أَنْ تَأْذَنَ لَهُ بِالعَوْدَةِ مِنَ المَدْرَسَةِ بِرِفْقَةِ ابْنِ عَمِّهِ إلى بَيْتِهِ لِيَقْضِيا ما تَبَقّى مِنْ يَوْمِهِما سَوِيًّا.

فَسَمَحَتْ لَهُ أُمُّهُ. وفي اليَوْمِ التّالي جاءَتْ أُمُّ خالِدٍ ابْنِ عَمِّهِ، تُرافِقُ زَيْدًا وخالِدًا إلى البَيْتِ عائِدينَ مِنَ المَدْرَسَةِ، ومُتَوَجِّهينَ إلى بَيْتِ عَمِّهِ. كانَتْ حَقيبةُ خالِدٍ كَبيرةً وثَقيلةً، وعلى الرُّغْمِ مِنْ ثِقْلِها لاحَظَ زَيْدٌ أَنَّ خالِدًا لَمْ يَضْجَرْ مِنْ ذلِكَ ولَمْ يَنزَعِجْ، فَسَأَلَهُ زَيْدٌ بِفُضولٍ مُتَعَجِّبا: «ألَيْسَتْ حَقيبَتُكَ ثَقيلةً يا خالِدُ؟» فأجابَهُ خالِدٌ: «نَعَمْ، إنَّها ثَقيلةٌ ولكِنَّني قَوِيٌّ بِما يَكْفي لِحَمْلِها». أكْمَلَ زَيْدٌ سَيْرَهُ مُحْتارًا ومُتَعَجِّبا مِنْ خالِدٍ، وأخَذَ يُقارِنُ فِعْلَ خالِدٍ بِفِعْلِهِ هو نَفْسِهِ.

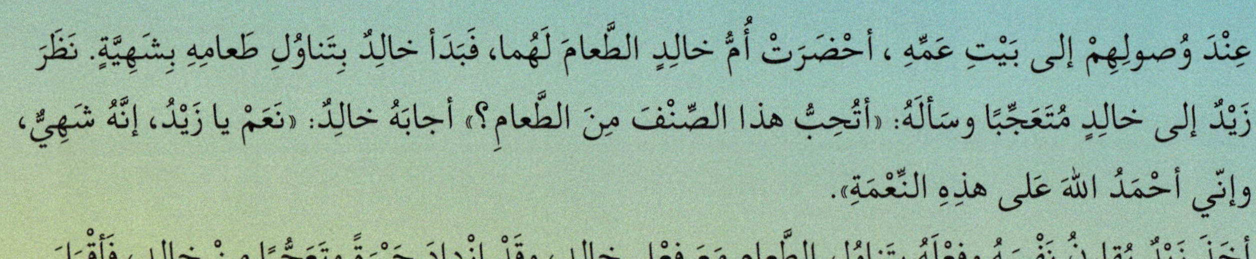

عِنْدَ وُصولِهِمْ إلى بَيْتِ عَمِّهِ ، أَحْضَرَتْ أُمُّ خالِدٍ الطَّعامَ لَهُما، فَبَدَأَ خالِدٌ بِتَناوُلِ طَعامِهِ بِشَهِيَّةٍ. نَظَرَ زَيْدٌ إلى خالِدٍ مُتَعَجِّبًا وسَأَلَهُ: «أَتُحِبُّ هذا الصِّنْفَ مِنَ الطَّعامِ؟» أَجابَهُ خالِدٌ: «نَعَمْ يا زَيْدُ، إِنَّهُ شَهِيٌّ، وإِنّي أَحْمَدُ اللهَ عَلى هذِهِ النِّعْمَةِ».

أَخَذَ زَيْدٌ يُقارِنُ نَفْسَهُ وفِعْلَهُ بِتَناوُلِ الطَّعامِ مَعَ فِعْلِ خالِدٍ، وقَدْ ازْدادَ حَيْرَةً وتَعَجُّبًا مِنْ خالِدٍ، فَأَقْبَلَ يُقَلِّدُ خالِدًا في تَناوُلِ طَعامِهِ.

بَعْدَ العَصْرِ سَارَ الوَلَدان بِرِفْقَةِ أُمِّ خالِدٍ إلى الحَديقَةِ سيْرًا على الأقْدامِ، فَأرادَ زَيْدُ التَّشَكِّي كَعادَتِهِ مِنَ التَّعَبِ، مِنْ طولِ المِشْوارِ، ولكِنَّ الحَياءَ مِنْ زَوْجَةِ عَمِّهِ مَنَعَهُ مِنْ ذلك، وظَلَّ يَنْظُرُ إلى خالِدٍ ويَنْتَظِرُهُ عَلَّهُ يَتَشَكَّى كَما يَفْعَلُ هو عادَةً مَعَ أُمِّهِ، ولكِنْ طالَ انْتِظارُهُ ونَفَذَ صَبْرُهُ وهُو يَنْظُرُ إلى ابنِ عَمِّهِ يَمْشي مَرِحًا مَسْرورًا. فَسَألَ ابنَ عَمِّهِ: «لَقَدْ مَشِينا كَثيرًا يا خالِدُ، ألَمْ تَشْعُرْ بِالتَّعَبِ بَعْدُ؟»، أجابَهُ خالِدٌ: «نَعَمْ يا زَيْدُ، و لَكِنِّي أتَحَمَّلُ، فَالمَشْيُ مُفيدٌ لِلصِّحَةِ ويُقَوِّي العَضَلاتِ». هُنا ازْدادَتْ حِيرَةُ زَيْدٍ و تَعَجُّبَ مِنْ فِعْلِ خالِدٍ، فَسَكَتَ و تابَعَ المَشْيَ.

وعِنْدَ عَوْدَةِ الجَميعِ مِنَ الحَديقَةِ، وبَعْدَ أنْ ارْتاحوا، كانَتْ هُناكَ فُسْحَةٌ لِلسَّمَرِ في المَساءِ ولِلَّعِبِ بِالمُكَعَّباتِ الخَشَبِيَّةِ، وبِناءِ نَماذِجَ مَبانٍ وأبْراجٍ. وأثْناءَ لَعِبِهِمْ أقْبَلَ أخو خالِدٍ الأصْغَرُ، فَقامَ بِتَخْريبِ النَّماذِجِ الّتي تَعِبَ في بِنائِها هُوَ وزَيْدٌ، فَأخَذَ خالِدٌ بِالضَّحِكِ وبِمُداعَبَةِ أخيهِ الأصْغَرِ. نَظَرَ زَيْدٌ إلى خالِدٍ مُتَعَجِّبًا مَرَّةً أُخْرى مِنْ رَدَّةِ فِعْلِ خالِدٍ تِجاهَ ما فَعَلَهُ أخوهُ، بَلْ قامَ خالِدٌ وتابَعَ اللَّعِبَ والبِناءَ مِنْ جديدٍ دونَ ضيقٍ أوْ ضَجَرٍ، فَسَأَلَ خالِدًا: «ألَمْ يُغْضِبْكَ فِعْلُ أخيكَ الصَّغيرِ بِالمُكَعَّباتِ الّتي تَعِبْنا في بِنائِها؟»، أجابَهُ خالِدٌ: «بَلى، و لَكِنَّ أخي صَغيرٌ ولا يَفْهَمُ، وإنَّها مُجَرَّدُ لُعْبَةٍ أسْتَطيعُ إعادَةَ بِنائِها». وهُنا ازْدادَتْ حَيْرَةُ زَيْدٍ أكْثَرَ وأكْثَرَ، وشَغَلَ بالَهُ وتَفْكيرَهُ طَريقَةُ تَفْكيرِ خالِدٍ ونَظْرَتُهُ إلى الأُمورِ.

جاءَ مَوْعِدُ عَوْدَةِ زَيْدٍ إلى بَيْتِ أهْلِهِ، فَقَدِمَتْ أُمُّ زَيْدٍ لاصْطِحابِ زَيْدٍ والعَوْدَةِ بِهِ إلى المَنْزِلِ. وبَيْنَما هُما في طَريقِهِما أخْبَرَ زَيْدٌ أُمَّهُ بما شاهَدَهُ مِنْ تَصَرُّفاتِ خالِدٍ ورَدَّةِ فِعْلِهِ تِجاهَ مَواقِفَ كانَ يَراها تَسْتَدْعي الضَّجَرَ والشَّكْوى، فَسَألَ أُمَّهُ قائِلًا: «لِماذا تُزْعِجُني يا أُمِّي هذِهِ المَواقِفُ، ولا تُزْعِجُ ابْنَ عَمِّي خالِدًا؟»،

أجابَتْهُ أُمُّهُ قائِلَةً: «يا بُنَيَّ، إنَّ خالِدًا يَنْظُرُ إلى الأشْياءِ ولا يَرى فيها إلّا الجَوانِبَ الإيجابِيَّةَ، أيْ

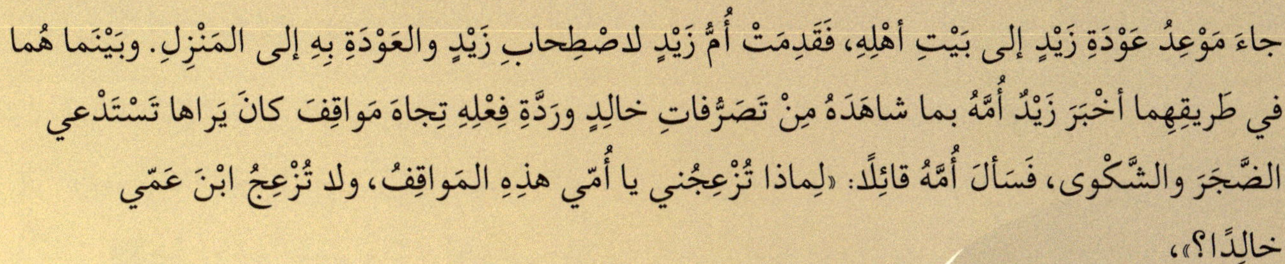

الجَوانِبَ الحَسَنَةَ، بَيْنَما أَنْتَ تَنْظُرُ إلى الأَشْياءِ ولا تَرى فيها إلّا الجَوانِبَ السَّلْبِيَّةَ، وهذا يَمْنَعُكَ مِنَ الاسْتِمْتاعِ بِالأَشْياءِ وبِاللَّعِبِ وبِالدِّراسَةِ، ونَحْنُ نُسَمّي الصِّفَةَ الّتي يَتَحَلّى بِها الإنْسانُ الّذي يَنْظُرُ إلى الجَوانِبِ الإيجابِيَّةِ في الأَشْياءِ صِفَةَ التَّفْكيرِ الإيجابِيِّ، وهَؤُلاءِ هُمْ غالِبًا النّاجِحونَ في حَياتِهِمْ لِأَنَّكَ تَجِدُهُمْ دومًا راضينَ وسُعَداءَ بِكُلِّ شَيْءٍ يَحْصُلونَ عَلَيْهِ وبِكُلِّ فِعْلٍ يَقومونَ بِهِ».

قالَ زَيْدٌ: «وماذا يَعْني هذا التَّفْكيرُ الإيجابِيُّ يا أُمّي؟».

أجابَتْ والِدَتُهُ: «إنَّ تَصَرُّفَ خالِدٍ مِثالٌ جَيِّدٌ لِلتَّفْكيرِ الإيجابِيِّ، فَهُو يَصْرِفُ عَنْ نَفْسِهِ الكَلِماتِ الّتي

تُغْضِبُهُ أَوْ تُحْبِطُهُ أَوْ تُضَيِّقُ صَدْرَهُ أَوْ تُكَدِّرُ خَاطِرَهُ، فَفِي التَّفْكِيرِ الإيجَابِيِّ يَنْظُرُ الإِنْسَانُ إِلَى كُلِّ شَيْءٍ حَسَنٍ، فِي كُلِّ شَيْءٍ أَوْ فِعْلٍ، كَأَنْ يَنْظُرَ إِلَى الْمَدْرَسَةِ وَيَرَاهَا جَمِيلَةً وَمُمْتِعَةً وَبِهَا يَتَعَلَّمُ الإِنْسَانُ وَلَا يَقُولُ إِنَّ الْمَدْرَسَةَ مُمِلَّةٌ، لِأَنَّ لَا أَلْعَابَ كَثِيرَةً فِيهَا وَيَنْظُرُ إِلَى الْبَحْرِ فَيَقُولُ إِنَّ لَوْنَهُ جَمِيلٌ وَشَكْلَهُ جَمِيلٌ وَالسِّبَاحَةَ فِيهِ مُمْتِعَةٌ، وَلَا يَقُولُ إِنَّهُ مُخِيفٌ وَفِيهِ صُخُورٌ وَأَشْوَاكٌ».

فَرَدَّ زَيْدٌ قائِلًا: «وهَلْ يُغَيِّرُ ذَلِكَ مِنَ الأَمْرِ شَيْئًا يا أُمِّي؟».

أجابَتْهُ أُمُّهُ: «نَعَمْ بِالتَّأْكيدِ يا زَيْدُ، أفْكارُكَ تَنْعَكِسُ عَلى أفْعالِكَ وعَلى مِزاجِكَ، فَمَتى كانَتْ أفْكارُكَ إيجابِيَّةً أصْبَحَتْ أفْعالُكَ إيجابِيَّةً أيْضًا، جَرِّبْ ذَلِكَ يا زَيْدُ و سَتَرى أنَّكَ سَتَكونُ بِذَلِكَ دَوْمًا سَعيدًا بِالأَشْياءِ في الدُّنْيا، وعلاقاتُكَ مَعَ أصْدِقائِكَ وأُخْتِكَ سَتَكونُ مُمْتِعَةً».

قالَ زَيْدٌ: «وكَيفَ لي أن أفْعَلَ ذَلك يا أُمّي؟».

قالَتْ أُمُّهُ: «باسْتِطاعَتِكَ يا زَيْدُ التَّحلّي بِهَذِهِ الصِّفَةِ بِمُجَرَّدِ أنْ تُعَوِّدَ نَفْسَكَ عَلَيْها عَنْ طَريقِ تَذْكير نَفْسِكَ بِها في كُلِّ وقْتٍ ومُناسَبَةٍ، و لَكِنَّ ذَلِكَ يَتَطَلَّبُ مِنْكَ عَزيمَةً وإرادَةً، وأنا مُتَأكِّدَةٌ أنَّكَ تَمْتَلِكُ

هذِهِ العَزِيمَةَ، فَأَنْتَ صَبِيٌّ قَوِيُّ الإِرَادَةِ و العَزْمِ».

وفي الأيّامِ التّالِيَةِ لاحَظَتْ أُمُّ زَيْدٍ أَنَّ تَصَرُّفاتِ زَيْدٍ بَدَأَتْ تتغيّرُ، فاعْتَدَلَ مِزَاجُهُ، وصارَ أَكْثَرَ حَيَوِيَّةً ونَشاطًا، وخاصَّةً في عِلاقَتِهِ مَعَ أُخْتِهِ في البَيْتِ، وأَصْبَحَ مُطِيعًا وراضِيًا بِكُلِّ شَيْءٍ، ومُسْتَمْتِعًا

بِالذَّهابِ إِلى المَدْرَسَةِ، ويَشْعُرُ بِثِقَةٍ كَبيرةٍ بِنَفْسِهِ، ما أَسْعَدَ أُمَّهُ كَثيرًا.

نَشاطٌ لِلْقُرّاءِ:

– فَكِّرْ بِالأُمورِ الّتي تَشْتَكي مِنْها يَوْمِيًّا وتُضايِقُكَ، وانْظُرْ كَيْفَ تَسْتَطيعُ أَنْ تَجْعَلَها بِالتَّفْكيرِ الإيجابيِّ مُمْتِعَةً وشَيِّقَةً.

– هلْ لَدَيْكَ العَزيمَةُ كَزَيْدٍ في تَبَنّي صِفَةِ التَّفْكيرِ الإيجابيِّ في حياتِكَ؟

– عِنْدَما تُمارِسُ التَّفْكيرَ الإيجابيَّ في أَحَدِ أُمورِ حَياتِكَ ونَجَحْتَ في ذَلِكَ فَدَوِّنْ تَجْرِبَتَكَ هُنا:

الأَمْرُ الّذي كُنْتَ تَشْتَكي مِنْهُ:

التَّفْكيرُ السَّلْبِيُّ الّذي كُنْتَ تُمليهِ عَلى نَفْسِكَ و الّذي كانَ يَنْعَكِسُ على أَفْعالِكَ:

التَّفْكيرُ الإيجابيُّ الّذي أَبْدَلْتَ بِهِ التَّفْكيرَ السَّلْبيَّ:

النَّتيجَةُ الّتي حَصَلْتَ عَلَيْها:

الصُّعوبَةُ الّتي وَاجَهْتَها في البِدايَةِ: